スターライト

星《ほし》野《の》良《りょう》一《いち》詩集

ながしまよいち 絵

JUNIOR POEM SERIES

序《じょ》　詩《し》

脳《のう》みそ

おんがくが音楽《おんがく》なら　ぶんがくも文楽《ぶんがく》だ
と右脳《うのう》が言《い》う

いやいや
おんがくが音楽でも　ぶんがくは文学《ぶんがく》だ
と左脳《さのう》が言う

詩《し》を書《か》いている時《とき》　ぼくの頭《あたま》の中《なか》では
右脳と左脳がいつも　言《い》い争《あらそ》っている

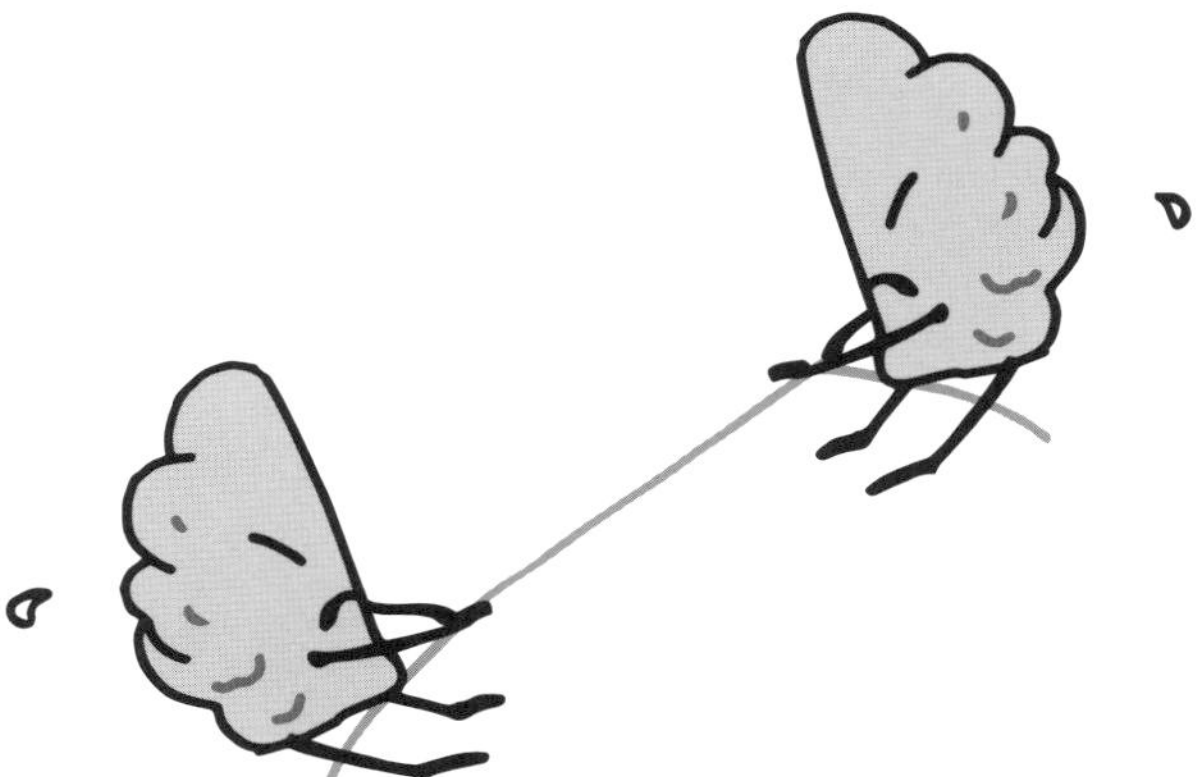

もくじ

序詩《じょし》　脳《のう》みそ　1

I　しししの詩《し》　5

クマ　6
うみのそこで　8
しししの詩《し》　10
アシカ　12
キリン　14
てつぼう　16
おりがみ　18
にんじゃ　20
ホラーばな詩《し》　22
ラブレター　24
たいよう　26
磁石《じしゃく》　28
明《あ》かり　30
梅雨《つゆ》　32
カレンダー　34
ひも　36
サイコロ　38
イブの空《そら》にも　40

Ⅱ　いきる　43

おかあさん　44
兄弟姉妹《きょうだいしまい》　46
ともだち　48
アイラブミー　50
おしっこ　52
かけざん　54
ふしぎだなあ　56
正義《せいぎ》のミカタ　58
むかしばな詩《し》　60
ペンネーム　62
決《き》まり事《ごと》　64
さきっぽ　66
スターライト　68
一秒《いちびょう》　70
いのちのたしざん　72
かぞえうた　74
いきる　76

あとがきにかえて

詩人《しじん》　78

Ⅰ　ししししの詩《し》

クマ

くるまから
おりたクマは
いえにかえると
おおあくび
ともだちの
クマがくるまで
もうふにくるまり
ひとねむり

くるまから
おりたクマは
ともだちの
いえへむかった
プレゼントの
まくらをもって
みあげたそらは
もうまっくら

うみのそこで

あるひうみのそこで
はつめいかのイカが
じょしゅのヒラメにきいた
「なにかアイデアはないか？」
するとヒラメは
かんがえてかんがえていった
「ひらめいた！」

そこにヒラメをさがしていた
ともだちのタコがきていった
「ヒラメいた！」

イカはヒラメとタコをみて
こえをいからせていった
「だじゃれじゃないか！」

しししの詩《し》

かなしい詩は
さびしいし

まじめな詩は
かたこるし

うつくしい詩は
かけないし

ひととにた詩は
かかないし
おもしろい詩は
たのしいし
わらいばな詩が
かきたい詩

アシカ

アシカはシカの
あたまをみてきいた
「それはあしか？」

シカはかおを
しかめてこたえた
「これはつのだ！」

アシカはシカの
ノートをよみきいた
「これは詩《し》か?」
シカはうつむき
てれながらこたえた
「まあ　詩かな」

キリン

キリンはあるひゆめをみた
じぶんのくびがのびるゆめを
やまよりたかく　くもよりたかく
くびはどんどんのびていく
くびがうちゅうにとびだしたとき
キリンははっとめをさました

「ああ　ゆめか」
キリンはふーっといきをはいた
それからながーーーーーーーーー
ーーーーーーーーーーーーーーい
あくびをした

てつぼう

てつぼうで
まえまわり

わたし

たしわ

しわた

わたし

てつぼうで
さかあがり
わたし
しわた
たしわ
わたし

おりがみ

おりがみを　おる

おり
がみ

かお
　り

かが
み

おかみ
みみ
がみがみ
かみかみ
おお
かみ

にんじゃ

にんにんにん
にんじんのにんじゃ
すいとんのじゅつで
シチューにかくれる

にんにんにん
じゃがいものにんじゃ
ぶんしんのじゅつで
ポテトチップスになる

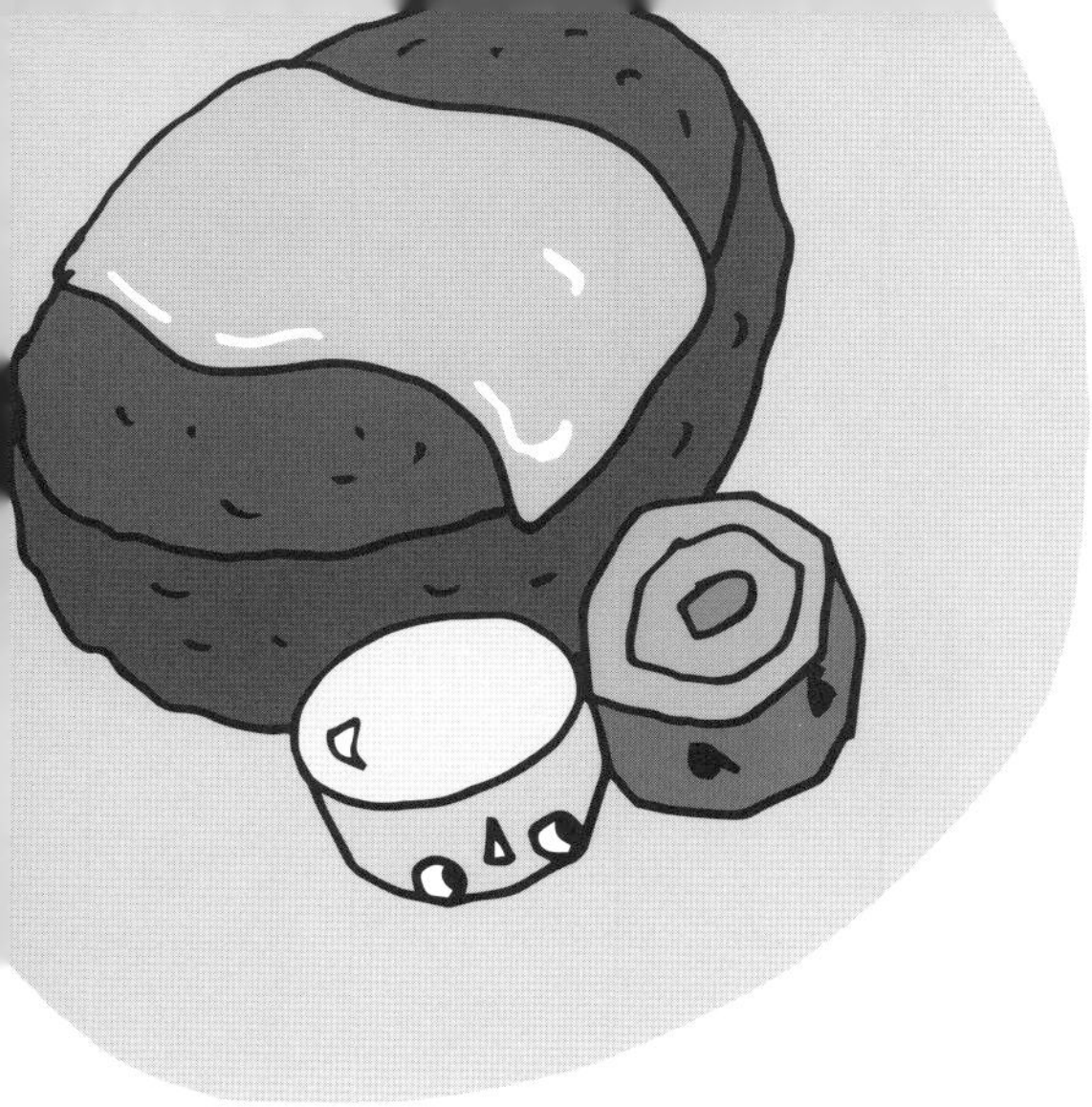

にんにんにん
にんじんじゃがいも
ハンバーグのよこで
にんにんじゃじゃじゃ

ホラーばな詩《し》

まるーいまるーい
おつきさまで
もちつきするのは
ウサギじゃないよ
きゅうけつき

あまーいあまーい
キャラメルに

ついてるおまけは
おもちゃじゃないよ
おばけだよ

くらーいくらーい
もりのなか
とんでいるのは
トンビじゃないよ
ゾンビだよ

ラブレター

カナブンは
ラブレターをかいた
ひらがなでかいた

あなたがすきです

そのてがみをみて
カタツムリはいった
「ひらがなはむり！」

カタツムリは
ラブレターをかいた
カタカナでかいた

アナタガスキデス

そのてがみをみて
カナブンはいった
「これぶん？」

たいよう

どんよりくもったそらをみて
ヒマワリがぽつりといった
「たいようをみたいよう」

そのよこではっぱとカッパが
こえをそろえていった
「ぼくたちもみたいよう」

おなかをかぜになでられて
いしっころがへらへらいった
「くすぐったいよう」

ぼくじょうでのんびり
よこたわるウシがいった
「モーっとねたいよう」

まちのケーキやさんをみて
おんなのこがおとうさんにいった
「わたしもいつかなりたいよう」

くものむこうでたいようが
まちきれないきもちでいった
「はやくみんなにあいたいよう」

磁石《じしゃく》

N極《えぬきょく》と
N極と
N極と
S極《えすきょく》

S極と

S極と

S極と
N極

明《あ》かり

明かりを点《つ》けました

を消《け》しました

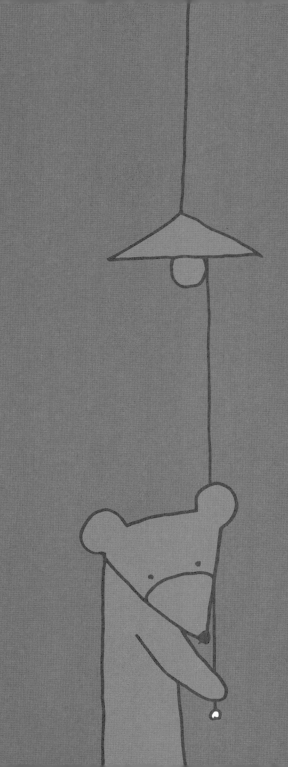

梅雨《つゆ》

明日《あした》は晴《は》れるかなあ
明日は晴れるかなあ
明日は晴れるかなあ
明日は晴れるかなあ

明日は晴れるかなあ
明日は晴れるかなあ
明日も晴れるかなあ
明日は晴れるかなあ

カレンダー

はるにははるの
はなながめ

なつにはなつの
ねつにあせ

あきにはあきの
あじたべて

ふゆにはゆずの
ゆにはいる

めぐるきせつに
めくるのは

かべにかかった
カレンダー

としがくれたら
あたらしい
カレンダーをね
かうんだあ

ひも

たんじょうびプレゼントに
かけられたあかいひもは
ほどかれたあとに
ひきだしにしまわれた

たんじょうびのつぎのひ
「ひもなのに　ひまだなあ」
とひもはつぶやき
「まあ　こんなひももあるか」
とじぶんをなぐさめた

くるひもくるひも
ひもはひまだった

ひまひまひまひまひま
ひまひまひまひまひま
ひまひまひまひまひま
まひまひまひまひまひ

ひもはひまにまひして
くるひもくるひもすごした

サイコロ

サイコロはふられた
きょうもふられた
まいにちすごろくをする
サイとカバにふられた

サイコロはもてたい
サイにだけもてたい
だけどきょうもごめんなさい
サイコロは「・《いち》」から
ほろほろとなみだをながした

そのうちにサイたちは
すごろくにあきてきて
もうしなくなった
サイコロはふられなくなり
サイにもふられなくなった

それからまいにちサイコロは
やっぱりほろほろなきながら
じぶんでころころころがった
サイをおもってころがった

イブの空《そら》にも

雪《ゆき》の降《ふ》る夜空《よぞら》を　ソリで駆《か》ける

サンタ

さんた

サン太《た》

SANTA《さんた》

3《さん》タ

Ⅲ《さん》た

santa《さんた》

山田《さんた》

イブの空にも　個性《こせい》がいっぱい

Ⅱ　いきる

おかあさん

ぼくのおかあさんは
まーくんやみっちゃんの
おかあさんより
ちいさいけれど

いつかぼくのせがのびて
おかあさんより
おおきくなっても

いつかぼくがとしをとり

はたらくおとなに
なってからも

いつかいつかぼくたちが
はなればなれに
なったとしても

おかあさんはおかあさん
ぼくはおかあさんのこども

だからねえ　おかあさん
いつまでもぼくにわらって

兄弟姉妹《きょうだいしまい》

ぼくは一人《ひとり》っ子《こ》だから
兄弟《きょうだい》がいたらなあ
そしたら毎日《まいにち》あそべるのに
ぼくは長男《ちょうなん》だから
お兄《にい》ちゃんがいたらなあ
そしたらあまえられるのに

ぼくは次男《じなん》だから
弟《おとうと》がいたらなあ
そしたらけんかかてるのに

わたしは長女《ちょうじょ》だけど
お姉《ねえ》ちゃんだったらなあ
そしたら兄《あに》たちしかるのに

わたしは末《すえ》っ子《こ》だけど
一人っ子だったらなあ
そしたら毎日しずかなのに

ともだち

ぼくのすきなアニメと
きみのすきなアニメが
おんなじでぼくたちは
ともだちになった

きみといるとたのしい
きみをもっとしりたい

そしてあるひぼくはしった
きみのいやなところを

いやなところがきになって
ぼくはかんがえた
ぼくときみが
ともだちじゃなくなるひを

けれどまたかんがえた
きみもぼくのいやなところを
しっているんじゃないかって

ぐらぐら　もやもや
ふわふわ　すととととん

そしてぼくらはとなりあい
きょうもわらいあっている

アイラブミー

ねます
たべます
うごきます

たまに
なきます
わらいます

むりせず
おこらず
おこたらず

なやみを
むやみに
かんがえず

うまれた
ときから
ぼくのもの

こころと
からだを
あいします

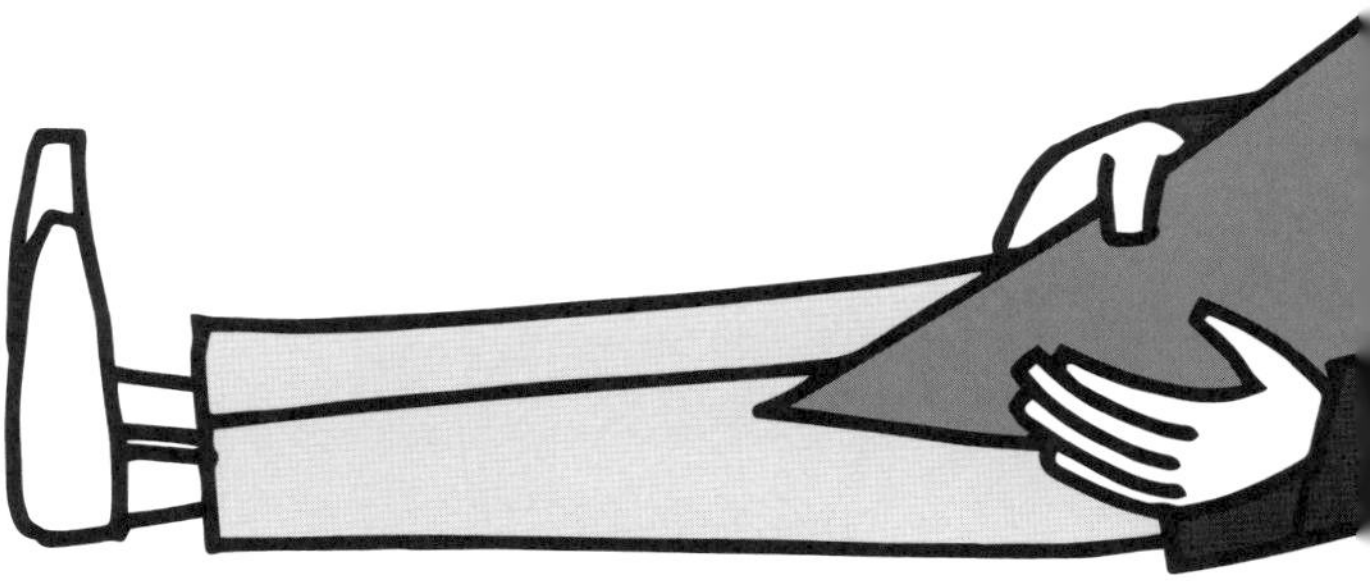

おしっこ

男子《だんし》トイレに　小便器《しょうべんき》が三《みっ》つ
ぼく
便器
便器
はしっこで　おしっこ

ぼく

便器

きみ

はしっこで　おしっこ

をしたくなる不思議《ふしぎ》

かけざん

こころにでっかく
ゆめをえがけよ
それにしっかり
なまえをかけよ

にげだすじぶんに
こえをかけ

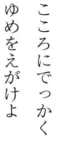

ながれるなみだに
にじをかけ
まよわずおそれず
いのちをかけたら
じぶんをしんじて
いまをかけろ！

ふしぎだなあ

ふしぎだなあ　ふしぎだなあ
しらないあいだに　かみのびる
ふしぎだなあ　ふしぎだなあ
きづかぬあいだに　つめのびる
ふしぎだなあ　ふしぎだなあ
かみもつめも　のびるのに
おとなになったら　せはのびず

ふしぎだなあ　ふしぎだなあ
かなしいよるには　そらをみる

ふしぎだなあ　ふしぎだなあ
さびしいよるには　ほしをみる

ふしぎだなあ　ふしぎだなあ
そらもほしも　くもかくす
あめふるよるでも　あすはくる

正義《せいぎ》のミカタ

ぼくは正《ただ》しい
おれは正しい
わたしは正しい
絶対《ぜったい》に正しい！

ぼくたちは正しい
おれたちは正しい
わたしたちは正しい
絶対に絶対に正しい!!

互《たが》いの正義がぶつかって
始《はじ》まるけんかも戦争《せんそう》も

むかしばな詩《し》

むかしむかし
海《うみ》のむこうに鬼《おに》の島《しま》があった
そして島に住《す》む鬼の中《なか》に一匹《いっぴき》
詩を書《か》く赤鬼《あかおに》がいた

ある時《とき》赤鬼は詩を書いた
鬼たちが捕《つか》まえて食《た》べている
人間《にんげん》の命《いのち》に感謝《かんしゃ》する詩だ
その詩は島中《しまじゅう》の評判《ひょうばん》となり
鬼の学校《がっこう》の教科書《きょうかしょ》にものった

そんなある日《ひ》のこと
捕《と》らわれた人間の老人《ろうじん》が
偶然《ぐうぜん》鬼の教科書を読《よ》んだ
「何《なに》が感謝だ　偽善者《ぎぜんしゃ》め！」
老人は赤鬼の詩に怒《いか》り狂《くる》い
教科書を破《やぶ》った後《あと》食べられた
桃太郎《ももたろう》がこの島を訪《おとず》れたのは
それから二年後《にねんご》のことである

ペンネーム

ぼくのペンネームは
星野良一《ほしのりょういち》

詩《し》を書《か》く時《とき》も
星野良一

お話《はなし》を書く時も
星野良一

手紙《てがみ》を書く時も
星野良一

はがきを書く時も
星野良一

そして
背中《せなか》をかく時は
増永昌光《ますながまさみつ》

決《き》まり事《ごと》

子《こ》どもはお酒《さけ》が飲《の》めません
子どもはたばこが吸《す》えません
子どもは賭《か》け事《ごと》できないし
選挙《せんきょ》にだって行《い》けません

大人《おとな》は言《い》い訳《わけ》できません
大人は責任無《せきにんな》くせません
大人は子どもに戻《もど》れないし
働《はたら》かなければなりません

ぼくは戦争《せんそう》許《ゆる》しません
ぼくは自殺《じさつ》を認《みと》めません
ぼくは希望《きぼう》を捨《す》てませんし
ぼくはぼくを嫌《きら》いません

子どもも大人もそしてぼくも
一人《ひとり》だけでは生《い》きられません

さきっぽ

ひいじいちゃんにも
ひいばあちゃんにも
ぼくは会《あ》ったことがないし
名前《なまえ》すら知《し》らない

ひいひいじいちゃんにも
ひいひいばあちゃんにも
ぼくは会ったことがないし
名前すら知らない

だけど確《たし》かに
ぼくの命《いのち》は　この言葉《ことば》は
たくさんの「ひいい」の続《つづ》きで

ぼくの名前を呼《よ》んでくれた
父《とう》ちゃん　母《かあ》ちゃん
じいちゃん　ばあちゃん

止《と》まらぬ時間《じかん》のさきっぽで
ぼくは元気《げんき》に生《い》きてます

スターライト

星《ほし》の光《ひかり》が　輝《かがや》きが
誰《だれ》かの瞳《ひとみ》に　届《とど》くように

ぼくの言葉《ことば》が　ぼくの詩《し》が
誰かの心《こころ》に　届いたらいい

好《す》きだから　詩を書《か》く
楽《たの》しいから　詩を書く

ぼくの言葉が　ぼくの詩が
ぼくに生《い》きる　力《ちから》をくれる
恥《は》ずかしながら　今《いま》はそれだけ
きみに届けば　それは幸《しあわ》せ

一秒《いちびょう》

人《ひと》にとっての一秒と
虫《むし》にとっての一秒は違《ちが》う

虫にとっての一秒と
花《はな》にとっての一秒は違う

花にとっての一秒と
雲《くも》にとっての一秒は違う

雲にとっての一秒と
地球《ほし》にとっての一秒は違う

地球にとっての一秒と
宇宙《そら》にとっての一秒は違う

そしてまた
宇宙にとっての一秒と
ぼくにとっての一秒は違う

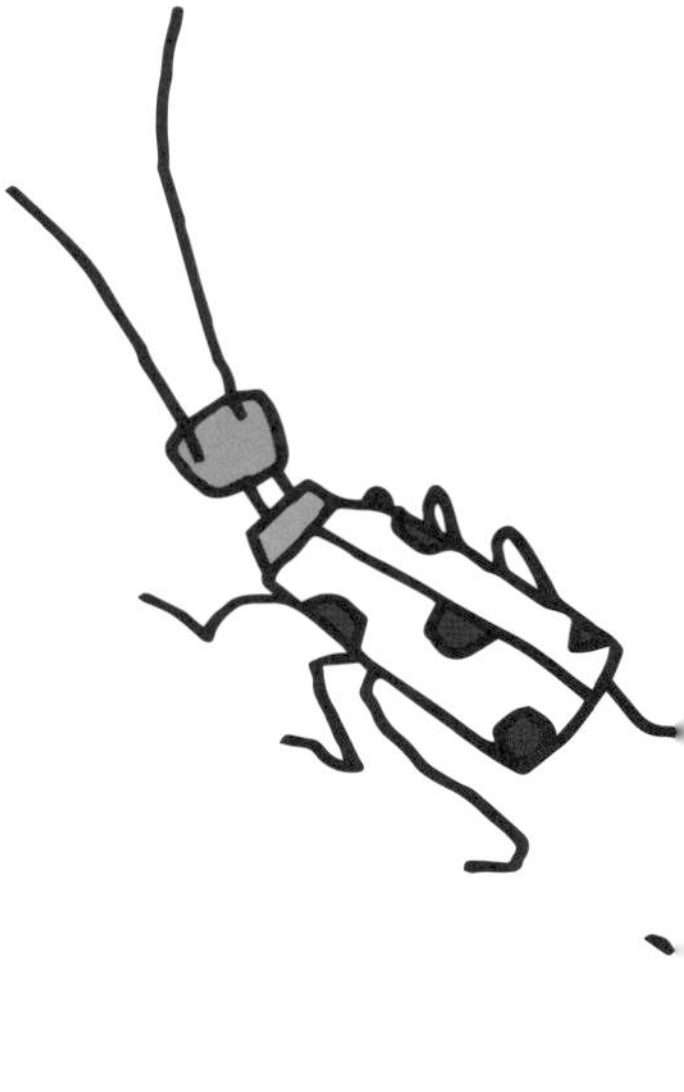

いのちのたしざん

一《いち》びょう一びょう
たしていき
ぼくらはいまを
いきている

いのちがたしざん
すればするほど
いのちのじかんは
へっていく

うまれたとたんに

はじまるそれが
いつおわるのかを
ぼくらはしらない

しっているのは
それがおわると
いのちのじかんが
ゼロになること

しっているのは
そのたしざんが
かなしいだけじゃ
ないということ

かぞえうた

ひとつ
ふたつ
みっつと
いまのじぶんに
ないものをかぞえず

ひとつ
ふたつ

みっつと
いまのじぶんに
あるものをかぞえる

みずたまもようの
しあわせを
ぼくはこころで
だきしめる

いきる

ぼくはこわい
しぬことがこわい
さよならのうたを
かくゆうきはまだない

ぼくがしんでも
せかいはすすむ
そうおもうとかなしい
たまらなくかなしい

うまれたいのちは
いつかしぬ
「ぼく」のじかんは
一《いち》どきり

だからぼくは
せいいっぱい
きょうもせかいと
まじめにあそぶ

あとがきにかえて

詩人《しじん》

（羊《ひつじ》）どやった　ぼくの二冊目《にさつめ》の詩集《ししゅう》
正直《しょうじき》な感想《かんそう》聞《き》かせてや

（狼《おおかみ》）まあ　よかったんちゃうか
でも　前《まえ》にも言《ゆ》うたけど　よう詩を書《か》き続《つづ》けられるな

（羊）ぼくには夢《ゆめ》があるからな
ぼくな　いつか世界的《せかいてき》に有名《ゆうめい》な詩人になりたいんや

（狼）待《ま》て待て　詩集は褒《ほ》めたけど
世界的に有名な詩人は無理《むり》やろ

（羊）なんでやねん！
なんぼ難《むずか》しくても　夢はでっかく持《も》たんとあかんのちゃうか

（狼）そりゃそうやけどな
ただ　お前の夢は　おれ絶対叶《ぜったいかな》わんと思《おも》うわ

（羊）ほー　そこまで言うなら　理由《りゆう》を聞かせてくれや
ぼくを黙《だま》らせるくらいの　きちっとした理由をな

（狼）ほな　言うたるわ
世界的に有名な詩人って　お前そもそも　人《ひと》やなくて羊やろ

詩・星野良一（ほしの　りょういち）
（本名：増永昌光　ますなが　まさみつ）

1979年　長崎県生まれ
日本児童文学者協会会員
日本児童文芸家協会会員
第一詩集『星の声、星の子へ』（銀の鈴社）で第二十七回三越左千夫少年詩賞を受賞。自称、児童文楽詩人。
『ものがたりの小径《ゆめ》』（銀の鈴社）、同《発見》、『家族っていいね　1･2年生』（PHP研究所）、『ショートショートの広場　20』（講談社）に創作短編所収ほか。
YouTube『星の声、星の子へ』にて詩を発表中。

絵・ながしま よいち（本名：長嶋洋一　ながしま　よういち）

北海道余市生まれ。

武蔵野美術大学卒業後、グラフィックデザイナーのかたわら童画を描いている。

北鎌倉に住まいを移してからモチーフに身近な自然も加わり、ファンタジーの世界が多くなる。

一人で絵を描く他に、手作り絵本の教室（大人対象）や子どもと一緒に描く楽しい時間も過ごしている。

絵本に『つかれた時にひらく絵の本』（銀の鈴社）、挿画に星野良一詩集『星の声、星の子へ』（銀の鈴社）がある。

NDC911
神奈川　銀の鈴社　2024
81頁　21cm（スターライト）

ジュニアポエムシリーズ　312　　2024年3月12日初版発行
本体1,600円＋税

スターライト

著　者　詩・星野良一 ©　絵・ながしまよいち ©
発行者　西野大介
編集発行　㈱銀の鈴社 TEL 0467-61-1930　FAX 0467-61-1931
〒248-0017 神奈川県鎌倉市佐助 1-18-21 万葉野の花庵
https://www.ginsuzu.com
E-mail info@ginsuzu.com

ISBN978－4－86618－161－5 C8092
落丁・乱丁本はお取り替え致します

印刷　電算印刷
製本　渋谷文泉閣

…ジュニアポエムシリーズ…

1 鈴木敏史詩集 宮下琢郎・絵 星の美しい村 ★☆
2 小池知子詩集 高志孝子・絵 おにわいっぱいぼくのなまえ ★☆
3 鶴岡千代子詩集 武田淑子・絵 白い虹 児文芸新人賞
4 楠木しげお詩集 久保雅勇・絵 カワウソの帽子
5 津坂治男詩集 垣内美穂・絵 大きくなったら ★◇
6 後藤れい子詩集 山本まつ子・絵 あくたれぼうずのかぞえうた
7 北村蔦子詩集 柿本幸造・絵 あかちんらくがき
8 吉田瑞穂詩集 吉田翠・絵 しおまねきと少年 ★⌺◎
9 新川和江詩集 葉祥明・絵 野のまつり ★☆
10 阪田寛夫詩集 織茂恭子・絵 夕方のにおい ★◈○☆
11 高田敏子詩集 若山憲・絵 枯れ葉と星 ★☆
12 原田直友詩集 吉田翠・絵 スイッチョの歌 ★◎
13 小林純一詩集 久保雅勇・絵 茂作じいさん ★◉♪☆◎
14 谷川俊太郎詩集 長新太・絵 地球へのピクニック ★◎◇
15 与田準一詩集 深沢省三・深沢紅子・絵 ゆめみることば ★
16 岸田衿子詩集 中谷千代子・絵 だれもいそがない村
17 江間章子詩集 榊原直美・絵 水と風 ◇◎
18 原田直友詩集 小野まり・絵 虹―村の風景― ★
19 福田正夫詩集 福田達夫・絵 星の輝く海 ★☆
20 草野心平詩集 長野ヒデ子・絵 げんげと蛙 ★☆○◇
21 宮田滋子詩集 青木まさる・絵 手紙のおうち ☆○
22 久保田昭三詩集 斎藤彬子・絵 のはらでさきたい
23 鶴岡千代子詩集 加倉井和夫・武田淑子・絵 白いクジャク ★♪
24 尾上尚子詩集 まど・みちお・絵 そらいろのビー玉 ★☆ 児文協新人賞
25 水上紅詩集 深沢紅子・絵 私のすばる ☆
26 野呂昶詩集 福島一二三・絵 おとのかだん ★
27 こやま峰子詩集 武田淑子・絵 さんかくじょうぎ ☆
28 青戸かいち詩集 駒宮録郎・絵 ぞうの子だって
29 まきたかし詩集 福田達夫・絵 いつか君の花咲くとき ★☆♡
30 薩摩忠詩集 駒宮録郎・絵 まっかな秋 ★☆♡
31 新川和江詩集 福島一二三・絵 ヤァ!ヤナギの木 ★☆○♡
32 井上靖詩集 駒宮録郎・絵 シリア沙漠の少年 ★☆♡
33 古村徹三詩・絵 笑いの神さま
34 江上波夫詩集 青空風太郎・絵 ミスター人類 ○☆
35 秋原秀夫詩集 鈴木義治・絵 風の記憶 ★◎
36 水村三千夫詩集 武田淑子・絵 鳩を飛ばす
37 久冨純江詩集 渡辺安芸夫・絵 風車 クッキングポエム
38 日野生三詩集 吉野晃希男・絵 雲のスフィンクス ★
39 佐藤雅子詩集 佐藤太清・広瀬きよみ・絵 五月の風 ★
40 小黒恵子詩集 武田淑子・絵 モンキーパズル ★
41 木村信子詩集 山本典子・絵 でていった
42 中野栄子詩集 吉田翠・絵 風のうた ☆
43 宮田滋子詩集 牧村慶子・絵 絵をかく夕日 ★
44 大久保ティ子詩集 渡辺安芸夫・絵 はたけの詩 ★☆
45 秋原秀夫詩集 赤星亮衛・絵 ちいさなともだち ♥

☆日本図書館協会選定（2015年度で終了）　♪日本童謡賞　♧岡山県選定図書　◇岩手県選定図書
★全国学校図書館協議会選定（SLA）　♡日本子どもの本研究会選定　◆京都府選定図書
□少年詩賞　■茨城県すいせん図書　♥秋田県選定図書　⌺芸術選奨文部大臣賞
○厚生省中央児童福祉審議会すいせん図書　♣愛媛県教育会すいせん図書　◉赤い鳥文学賞　◈赤い靴賞

…ジュニアポエムシリーズ…

46 日友靖子詩集 藤城清治・安西明美・絵 猫曜日だから ◆☆
47 秋葉てる代詩集 武田淑子・絵 ハーブムーンの夜に ♡
48 こやま峰子詩集 山本省三・絵 はじめのいーっぽ ★♡
49 黒柳啓子詩集 金子滋・絵 砂かけ狐 ♡
50 三枝ますみ詩集 武田淑子・絵 ピカソの絵 ☆♡♪
51 夢虹二詩集 武田淑子・絵 とんぼの中にぼくがいる ♡○♥
52 はたちよしこ詩集 まど・みちお・絵 レモンの車輪 □♧
53 大岡信詩集 葉祥明・絵 朝の頌歌 ★☆♡♥◎
54 吉田瑞穂詩集 吉田翠・絵 オホーツク海の月 ★☆♡
55 さとう恭子詩集 村上保・絵 銀のしぶき ★☆♡
56 星乃ミミナ詩集 葉祥明・絵 星空の旅人 ★☆♡
57 葉祥明詩・絵 ありがとう そよ風 ★♡▲
58 青戸かいち詩集 初山滋・絵 双葉と風
59 小野ルミ詩集 和田誠・絵 ゆきふるるん ★☆♪♡
60 なぐもはるき詩・絵 たったひとりの読者 ★♡♧

61 小関秀夫詩集 小倉玲子・絵 風《かざ》栞《しおり》 ★♡♥
62 海沼松世詩集 守下さおり・絵 かげろうのなか ☆♡
63 山本龍生詩集 小倉玲子・絵 春行き一番列車 ♡
64 小泉周二詩集 深沢省三・絵 こもりうた ★☆♡
65 かわてせいぞう詩集 若山憲・絵 野原のなかで ♡★♥
66 えぐちまき詩集 赤星亮衛・絵 ぞうのかばん ♡◆♥
67 池田あきつ詩集 小倉玲子・絵 天気雨 ♡
68 藤井則行詩集 君島美知子・絵 友へ ♡♤
69 藤哲生詩集 武田淑子・絵 秋いっぱい ★♠
70 日友靖子詩集 深沢紅子・絵 花天使を見ましたか ★
71 吉田瑞穂詩集 吉田翠・絵 はるおのかきの木 ★
72 小島禄琅詩集 中村陽子・絵 海を越えた蝶 ☆★♥♡
73 にしおまさこ詩集 杉田幸子・絵 あひるの子 ★
74 山下竹二詩集 徳田徳志芸・絵 レモンの木 ★
75 高崎乃理子詩集 奥山英俊・絵 おかあさんの庭 ★♡

76 檜きみこ詩集 広瀬弦・絵 しっぽいっぽん ★♪□☆♡
77 たかはしけいこ詩集 高田三郎・絵 おかあさんのにおい ♡♣□
78 星乃ミミナ詩集 深澤邦朗・絵 花かんむり ♥☆♡
79 佐藤照雄詩集 津波信久・絵 沖縄 風と少年 ☆♡★
80 相馬梅子詩集 やなせたかし・絵 真珠のように ♥★
81 小島禄琅詩集 深沢紅子・絵 地球がすきだ ★
82 鈴木美智子詩集 黒澤梧郎・絵 龍のとぶ村 ◇★♥
83 いがらしれいこ詩集 高田三郎・絵 小さなてのひら ☆
84 宮入黎子詩集 小倉玲子・絵 春のトランペット ☆★
85 下田喜久美詩集 方振寧・絵 ルビーの空気をすいました ☆
86 野呂昶詩集 方振寧・絵 銀の矢ふれふれ ★
87 ちよはらまちこ詩集 ちよはらまちこ・絵 パリパリサラダ ★
88 秋原秀夫詩集 徳田徳志芸・絵 地球のうた ☆★
89 中島あやこ詩集 井上緑・絵 もうひとつの部屋 ★
90 藤川こうのすけ詩集 葉祥明・絵 こころインデックス ☆

✲サトウハチロー賞
☼三木露風賞
♤福井県すいせん図書
▲神奈川県児童福祉審議会推薦優良図書
♠奈良県教育研究会すいせん図書
❖北海道選定図書
◈静岡県すいせん図書
◎学校図書館図書整備協会選定図書（SLBA）
✣毎日童謡賞
⚘三越左千夫少年詩賞

…ジュニアポエムシリーズ…

91 新井和詩集 高田三郎・絵 おばあちゃんの手紙 ☆★
92 はなわたえこ詩集 えばとかつこ・絵 みずたまりのへんじ ★♪
93 柏木恵美子詩集 武田淑子・絵 花のなかの先生 ☆
94 中原千津子詩集 寺内直美・絵 鳩への手紙 ★
95 高瀬美代子詩集 小倉玲子・絵 仲なおり ★
96 杉本深由起詩集 若山憲・絵 トマトのきぶん ☆★◎ 児文芸新人賞
97 宍倉さとし詩集 守下さおり・絵 海は青いとはかぎらない ♧
98 石井英行詩集 有賀忍・絵 おじいちゃんの友だち ■
99 なかのひろ子詩集 アサト・シェラ・絵 とうさんのラブレター ☆★
100 小松静江詩集 藤川秀之・絵 古自転車のバットマン
101 石原一輝詩集 加藤真夢・絵 空になりたい ☆⌘★
102 小泉周二詩集 西真里子・絵 誕生日の朝 ☆■★
103 くすのきしげのり童謡 わたなべあきお・絵 いちにのさんかんび ☆★
104 成本和子詩集 小倉玲子・絵 生まれておいで ☆★⌘♡♧
105 伊藤政弘詩集 小倉玲子・絵 心のかたちをした化石 ★

106 川崎洋子詩集 井戸妙子・絵 ハンカチの木 □★☆
107 柘植愛子詩集 油野誠一・絵 はずかしがりやのコジュケイ ⌘
108 新谷智恵子詩集 葉祥明・絵 風をください ☆◈✹♪♡✣
109 金親尚子詩集 牧進・絵 あたたかな大地 ☆
110 黒柳啓子詩集 吉田翠・絵 父ちゃんの足音 ☆★♡□
111 富田栄子詩集 油野誠一・絵 にんじん笛 ♡☆
112 原国子詩集 高畠純・絵 ゆうべのうちに ☆△
113 宇部京子詩集 スズキコージ・絵 よいお天気の日に ○□♪☆◇★
114 武鹿悦子詩集 牧野鈴子・絵 お花見 ☆□
115 山本なおこ詩集 梅田俊作・絵 さりさりと雪の降る日 ☆★
116 小林比呂古詩集 おおた慶文・絵 ねこのみち ☆
117 後藤れい子詩集 渡辺あきお・絵 どろんこアイスクリーム ☆
118 重清良吉詩集 高田三郎・絵 草の上 ☆□֍◆★
119 宮中雲子詩集 西真里子・絵 どんな音がするでしょか ✻★
120 前山敬子詩集 若山憲・絵 のんびりくらげ ☆★

121 川端律子詩集 若山憲・絵 地球の星の上で ♡
122 たかはしけいこ詩集 織茂恭子・絵 とうちゃん ♡֍♣★
123 宮田滋子詩集 深澤邦朗・絵 星の家族 ☆♪
124 国沢たまき詩集 唐沢静・絵 新しい空がある
125 池田あきつ詩集 小倉玲子・絵 かえるの国 ★
126 黒田恵子詩集 倉島千賀子・絵 ボクのすきなおばあちゃん ☆★♡
127 垣内磯子詩集 宮崎照代・絵 よなかのしまうまバス ☆♡★
128 小泉周二詩集 佐藤平八・絵 太陽へ ֍★♪☆♡
129 中島和子詩集 秋里信子・絵 青い地球としゃぼんだま ☆★
130 のろさかん詩集 福島一二三・絵 天のたて琴 ☆
131 加藤丈夫詩集 葉祥明・絵 ただ今受信中 ☆★
132 北原悠子詩集 深沢紅子・絵 あなたがいるから ♡
133 池田もと子詩集 小倉玲子・絵 おんぷになって ♡
134 鈴木初江詩集 吉田翠・絵 はねだしの百合 ★
135 垣内磯子詩集 今井俊・絵 かなしいときには ★

△長野県教育委員会すいせん図書　☆㈶日本動物愛護協会推薦図書
◈茨城県推奨図書　●児童ペン賞

…ジュニアポエムシリーズ…

136 秋葉てる代詩集 やなせたかし・絵 おかしのすきな魔法使い ♪★
137 青戸かいち詩集 永田萠・絵 小さなさようなら ❁★
138 柏木恵美子詩集 高田三郎・絵 雨のシロホン ♡★
139 藤井則行詩集 阿見みどり・絵 春だから ♡★◎
140 黒田勲子詩集 山中冬児・絵 いのちのみちを
141 南郷芳明詩集 的場豊子・絵 花時計
142 やなせたかし 詩・絵 生きているってふしぎだな
143 内田麟太郎詩集 斎藤隆夫・絵 うみがわらっている
144 しまざきふみ詩集 島崎奈緒・絵 こねこのゆめ ♡
145 糸永えつこ詩集 武井武雄・絵 ふしぎの部屋から ♡
146 石坂きみこ詩集 鈴木英二・絵 風の中へ ♡
147 坂本のこ詩集 坂本こう・絵 ぼくの居場所 ♡
148 島村木綿子 詩・絵 森のたまご ❁
149 楠木しげお詩集 わたせせいぞう・絵 まみちゃんのネコ ★
150 牛尾良子詩集 上矢津・絵 おかあさんの気持ち ♡

151 三越左千夫詩集 阿見みどり・絵 せかいでいちばん大きなかがみ ★
152 水村三千夫詩集 高見八重子・絵 月と子ねずみ
153 川越文子詩集 横松桃子・絵 ぼくの一歩 ふしぎだね ★
154 すずきゆかり詩集 葉祥明・絵 まっすぐ空へ
155 西田純詩集 葉祥明・絵 木の声 水の声
156 清野倭文子詩集 水科舞・絵 ちいさな秘《ひ》密《みっ》
157 川奈静詩集 直江みちる・絵 浜ひるがおはパラボラアンテナ ★◎
158 若木良水詩集 西真里子・絵 光と風の中で
159 牧陽子詩集 渡辺あきお・絵 ねこの詩 ★◎
160 宮田滋子詩集 阿見みどり・絵 愛一輪 ★◎
161 井上灯美子詩集 唐沢静・絵 ことばのくさり ☆♪
162 滝波万理子詩集 滝波裕子・絵 みんな王《おう》様《さま》 ★♪
163 冨岡みち詩集 関口コオ・絵 かぞえられへん せんぞさん ★
164 垣内磯子詩集 辻恵子・切り絵 緑色のライオン ★◎
165 すぎもとれいこ詩集 平井辰夫・絵 ちょっといいことあったとき ★

166 岡田喜代子詩集 おぐらひろかず・絵 千年の音 ★☆◎
167 川奈静詩集 直江みちる・絵 ひもの屋さんの空 ★◎☆♥♡
168 鶴岡千代子詩集 武田淑子・絵 白い花火 ★☆
169 井上灯美子詩集 唐沢静・絵 ちいさい空をノックノック ★◎☆
170 尾崎杏子詩集 ひなた山すじゅう郎・絵 海辺のほいくえん ☆♡★◎
171 柘植愛子詩集 やなせたかし・絵 たんぽぽ線路 ☆♡★◎♪
172 小林比呂古詩集 うめざわのりお・絵 横須賀スケッチ ☆★◎♡▲
173 林佐知子詩集 串田敦子・絵 きょうという日 ☆★◎♡▲
174 後藤基宗子詩集 岡澤由紀子・絵 風とあくしゅ ☆♥★◎♡
175 土屋律子詩集 高瀬のぶえ・絵 るすばんカレー ☆♡★◎▲
176 三輪アイ子詩集 深沢邦朗・絵 かたぐるましてよ ★☆♡
177 田辺瑞美子詩集 西真里子・絵 地球賛歌 ☆★◎
178 高瀬美代子詩集 小倉玲子・絵 オカリナを吹く少女 ☆♡
179 中野惠子詩集 串田敦子・絵 コロポックルでておいで ★♡☆♪
180 松井節子詩集 阿見みどり・絵 風が遊びにきている ★☆♡▲

…ジュニアポエムシリーズ…

181 新谷智恵子詩集 徳田徳志芸・絵 とびたいペンギン 佐世保文学賞 ♡★◎▲

182 牛尾良子詩集 牛尾征治・写真 庭のおしゃべり ♡★◎

183 三枝ますみ詩集 高見八重子・絵 サバンナの子守歌 ☆★

184 佐藤雅子詩集 佐藤太清 菊池治子・絵 空の牧《まき》場《ば》 ☆★♡■◎◈

185 山内弘子詩集 おぐらひろかず・絵 思い出のポケット ♡★♪

186 山内弘子詩集 阿見みどり・絵 花の旅人 ♡★▲

187 原国子詩集 牧野鈴子・絵 小鳥のしらせ ♡★△◎

188 人見敬子詩・絵 方《はこ》舟《ぶね》地球号 —いのちは元気— ♡★◎

189 林佐知子詩集 串田敦子・絵 天にまっすぐ ★☆♡◎

190 小臣富子詩集 渡辺あきお・絵 わんさかわんさかどうぶつさん ✡♡★◎

191 川越文子詩集 かまだちえみ・写真 もうすぐだからね ♡★◎

192 永田喜久男詩集 武田淑子・絵 はんぶんごっこ ☆★◎♡

193 吉田房子詩集 大和田明代・絵 大地はすごい ★◎♡▲

194 石井春香詩集 高見八重子・絵 人魚の祈り ★♡

195 石原一輝詩集 小倉玲子・絵 雲のひるね ♡

196 たかはしけいこ詩集 高橋敏彦・絵 そのあと ひとは ★

197 宮田滋子詩集 おおた慶文・絵 風がふく日のお星さま ★♡◎

198 渡辺恵美子詩集 つるみゆき・絵 空をひとりじめ ★♡♪

199 宮中雲子詩集 西真里子・絵 手と手のうた ★

200 杉本深由起詩集 太田大八・絵 漢字のかんじ ★♡

201 井上灯美子詩集 唐沢静・絵 心の窓が目だったら ★♡

202 峰松晶子詩集 おおた慶文・絵 きばなコスモスの道 ★♡

203 高橋文子詩集 山中桃子・絵 八丈太鼓 ★♡

204 長野貴子詩集 武田淑子・絵 星座の散歩 ★♡

205 江口正子詩集 高見八重子・絵 水の勇気 ♡☆★

206 藤本美智子詩・絵 緑のふんすい ☆♡★

207 林佐知子詩集 串田敦子・絵 春はどどど ♡★◎

208 小関秀夫詩集 阿見みどり・絵 風のほとり ☆♡★▲

209 宗美津子詩集 宗信寛・絵 きたのもりのシマフクロウ ♡★

210 かわてせいぞう詩集 高橋敏彦・絵 流れのある風景 ☆♡★

211 土屋律子詩集 高瀬のぶえ・絵 ただいまぁ ★♡☆◎▲

212 永田喜久男詩集 武田淑子・絵 かえっておいで ☆♡★

213 みたみちこ詩集 牧進・絵 いのちの色 ♡★

214 糸永えつこ詩集 糸永わかこ・絵 母です 息子です おかまいなく ♡☆★

215 宮田滋子詩集 武田淑子・絵 さくらが走る ♡☆★♪

216 柏木恵美子詩集 吉野晃希男・絵 ひとりぼっちの子クジラ ♡★◎

217 江口正子詩集 高見八重子・絵 小さな勇気 ♡☆★

218 井上灯美子詩集 唐沢静・絵 いろのエンゼル ★♡

219 中島あやこ詩集 日向山寿十郎・絵 駅伝競走 ★☆♡

220 高橋孝治詩集 高見八重子・絵 空の道 心の道 ★♡

221 江口正子詩集 日向山寿十郎・絵 勇気の子 ♡☆★

222 宮田滋子詩集 牧野鈴子・絵 白鳥よ ☆★

223 井上良子詩集 銅版画 太陽の指環 ★

224 川越文子詩集 山中桃子・絵 魔法のことば ♡☆★

225 西本みさこ詩集 上司かのん・絵 いつもいっしょ ☆♡

…ジュニアポエムシリーズ…

226 おばらいちこ詩集 高見八重子・絵 ぞうのジャンボ ☆★♡
227 吉田房子詩集 本田あまね・絵 まわしてみたい石臼 ★♡
228 吉田房子詩集 阿見みどり・絵 花 詩 集 ★♡◎
229 田中たみ子詩集 唐沢静・絵 へこたれんよ ★◎
230 林佐知子詩集 串田敦子・絵 この空につながる ★♡
231 藤本美智子 詩・絵 心のふうせん ★♡
232 火星雅範詩集 西川律子・絵 ささぶねうかべたよ ★♡▲
233 吉田房子詩集 岸田歌子・絵 ゆりかごのうた ★♡
234 むらかみみちこ詩集 むらかみみちこ むらかみあくる・絵 風のゆうびんやさん ★♡
235 白谷玲花詩集 阿見みどり・絵 柳川白秋めぐりの詩 ★♡
236 ほさかとしこ詩集 内山つとむ・絵 神さまと小鳥 ★☆♡
237 内田麟太郎詩集 長野ヒデ子・絵 まぜごはん ☆★◎♡▲
238 小林比呂古詩集 出口雄大・絵 きりりと一直線 ♡★
239 牛尾良子詩集 おぐらひろかず・絵 うしの土鈴とうさぎの土鈴 ★◎♡
240 山本純子詩集 ルイコ・絵 ふ ふ ふ ★♡☆◎

241 神田亮 詩・絵 天使の翼 ★☆♡
242 かんざわみえ詩集 阿見みどり・絵 子供の心大人の心さ迷いながら ☆★◎▲
243 永田喜久男詩集 内山つとむ・絵 つながっていく ★☆♡
244 浜野木碧 詩・絵 海原散歩 ☆★◎♡
245 やまうち・しゅうへい詩集 山本省三・絵 風のおくりもの ☆★◎♡
246 すぎもとれいこ 詩・絵 てんきになあれ ★◎
247 冨岡みち詩集 加藤真夢・絵 地球は家族 ひとつだよ ♡☆◎★
248 北野千賀詩集 滝波裕子・絵 花束のように ♡☆★◎
249 石原一輝詩集 加藤真夢・絵 ぼくらのうた ♡★◎
250 土屋律子詩集 高瀬のぶえ・絵 まほうのくつ ♡☆★◎▲
251 津坂治男詩集 井上良子・絵 白い太陽 ☆♡★◎
252 石井英行詩集 よしだちなつ・表紙絵 野原くん ☆★♡◎▲
253 井上灯美子詩集 唐沢静・絵 たからもの ☆♡★
254 大竹典子詩集 加藤真夢・絵 おたんじょう ☆★
255 たかはしけいこ詩集 織茂恭子・絵 流れ星 ★♡

256 谷川俊太郎詩集 下田昌克・絵 そして ♡★◎
257 なんば・みちこ詩集 布下満・絵 トックントックン 大空で大地で ★◎
258 宮本美智子詩集 阿見みどり・絵 夢の中に そっと ★◎♡
259 成本和子詩集 阿見みどり・絵 天使の梯子 ★◎
260 海野文音詩集 牧野鈴子・絵 ナンドデモ ★♡
261 熊谷本郷詩集 永田萠・絵 かあさん かあさん ★♡
262 大楠翠詩集 吉野晃希男・絵 おにいちゃんの紙飛行機 ★♡♪
263 久保恵子詩集 たかせちなつ・絵 わたしの心は 風に舞う ★♡
264 みずかみさやか詩集 葉祥明・絵 五月の空のように ★♡
265 尾崎昭代詩集 中辻アヤ子・絵 たんぽぽの日 ★
266 はやしゆみ詩集 渡辺あきお・絵 わたしはきっと小鳥 ★
267 田沢節子詩集 永田萠・絵 わき水ぷっくん △★♡
268 柘植愛子詩集 そねはらまさえ・絵 赤いながぐつ ★♡
269 馬場与志子詩集 日向山寿十郎・絵 ジャンケンポンでかくれんぼ ♡★
270 内田麟太郎詩集 高畠純・絵 たぬきのたまご ★●♡

ジュニアポエムシリーズは、子どもにもわかる言葉で真実の世界をうたう個人詩集のシリーズです。

本シリーズからは、毎回多くの作品が教科書等の掲載詩に選ばれており、1974年以来、全国の小・中学校の図書館や公共図書館等で、長く、広く、読み継がれています。

心を育むポエムの世界。

一人でも多くの子どもや大人に豊かなポエムの世界が届くよう、ジュニアポエムシリーズはこれからも小さな灯をともし続けて参ります。

271 むらかみみちこ 詩・絵　家族のアルバム ★♡
272 井上和子詩集 吉田瑠美・絵　風のあかちゃん ★♡
273 佐藤一志詩集 日向山寿十郎・絵　自然の不思議 ♡★
274 小沢千恵 詩・絵　やわらかな地球 ♡★
275 あべこうぞう詩集 大谷さなえ・絵　生きているしるし ♡★
276 宮田滋子詩集 田中槇子・絵　チューリップのこもりうた ★♡
277 林佐知子詩集 葉祥明・絵　空の日 ★♡
278 いしがいようこ 詩・絵　ゆれる悲しみ ★♡
279 村瀬保子詩集 武田淑子・絵　すきとおる朝 ♡★
280 あわのゆりこ詩集 高畠純・絵　まねっこ ★♡
281 川越文子詩集 福田岩緒・絵　赤い車 ★♡
282 白石はるみ詩集 かないゆみこ・絵　エリーゼのために ★♡
283 尾崎杏子詩集 日向山寿十郎・絵　ぼくの北極星 ♡★
284 壱岐梢詩集 葉祥明・絵　ここに ★
285 野口正路詩集 山手正彦・絵　光って生きている ★◎

286 樋口てい子詩集 串田敦子・絵　ハネをもったコトバ ★◎
287 火星雅範詩集 西川律子・絵　ささぶねにのったよ
288 大楠翠詩集 吉野晃希男・絵　はてなとびっくり ★◎❀
289 大澤清詩集 阿見みどり・絵　組曲 いかに生きるか ★
290 たかはしけいこ詩集 織茂恭子・絵　いっしょ ★♡◎
291 内田麟太郎詩集 大野八生・絵　なまこのぽんぽん ★◎○
292 はやしゆみ詩集 はなてる・絵　こころの小鳥 ♡★◎
293 いしがいようこ 詩・絵　あ・そ・ぼ！ ★♡◎
294 帆草とうか 詩・絵　空をしかくく 切りとって ★♡
295 土屋律子詩集 吉野晃希男・絵　コピーロボット ★◎♡
296 川上佐貴子詩集 はなてる・絵　アジアのかけ橋 ♡★◎
297 西沢杏子詩集 東逸子・絵　さくら貝とプリズム ♡★◎
298 鈴木初江詩集 小倉玲子・絵　めぐりめぐる水のうた ★◎
299 白谷玲花詩集 牧野鈴子・絵　母さんのシャボン玉 ◎★
300 ゆふあきら詩集 ゆふくみこ・絵 やまぐちかおる・絵　すずめのバスケ ♡★◎

301 半田信和詩集 吉野晃希男・絵　ギンモクセイの枝先に ★◎
302 弓削田健介詩集 葉祥明・絵　優《やさ》しい詩《うた》のお守《まも》りを ★♡
303 内田麟太郎詩集 井上コトリ・絵　たんぽぽ ぽぽぽ ★◎♡
304 宮本美智子詩集 阿見みどり・絵　水色の風の街 ★◎♡
305 星野良一詩集 ながしまよいち・絵　星の声、星の子へ ♡★❀◎
306 うたかいずみ詩集 しんやゆう子・絵　あしたの木 ♡★◎
307 藤本美智子 詩・絵　木の気分 ♡★◎
308 大迫弘和詩集 葉祥明・絵　ルリビタキ ★◎
309 林佐知子詩集 髙見八重子・絵　いのちの音 ★
310 森木林詩集 葉祥明・絵　あたたかな風になる ★
311 内田麟太郎詩集 かみやしん・絵　たちつてと ★
312 星野良一詩集 ながしまよいち・絵　スターライト
313 雨森政恵詩集 おむらまりこ・絵　いのちの時間
314 神内八重詩集 田辺玲・絵　ゆうやけジュースをめしあがれ

＊刊行の順番はシリーズ番号と異なる場合があります。